Primeros Lectores Ciencias
Animales de la Granja

Ovejas

Texto: Peter Brady
Traducción: Dr. Martín Luis Guzmán Ferrer
Revisión de la traducción: María Rebeca Cartes

Consultora de la traducción:
Dra. Isabel Schon, Directora
Centro para el Estudio de Libros
Infantiles y Juveniles en Español
California State University-San Marcos

Bridgestone Books
an imprint of Capstone Press
Mankato, Minnesota

Bridgestone Books are published by Capstone Press
818 North Willow Street, Mankato, Minnesota 56001 • http://www.capstone-press.com

Library of Congress Cataloging-in-Publication Data
Brady, Peter, 1944–
   [Sheep. Spanish]
   Ovejas / de Peter Brady; traducción de Dr. Martín Luis Guzmán Ferrer; revisión de la
   traducción de María Rebeca Cartes.
   p. cm. — (Primeros lectores ciencias. Animales de la granja)
   Includes bibliographical references (p. 24) and index.
   Summary: Introduces the farm animal which is raised for its meat and for its woolly coat.
   Includes a brief explanation of how to make yarn.
   ISBN 1-56065-790-1
   1. Sheep—Juvenile literature. [1. Sheep. 2. Spanish language materials.]
I. Title. II. Series: Early reader science. Farm animals. Spanish.
SF375.2.B73518 1999
636.3—dc21
                                           98-18750
                                         CIP
                                         AC

Editorial Credits
Martha E. Hillman, translation project manager; Timothy Halldin, cover designer

Photo Credits
American Sheep Industry, 12
Peter Ford, 10
William Muñoz, cover, 4, 6, 8, 14, 16, 18, 20
William Muñoz is a freelance photographer. He has a B.A. from the University of Montana. He has taken
   photographs for many children's books. William and his wife live on a farm near St. Ignatius,
   Montana, where they raise cattle and horses.

Contenido

¿Qué es una oveja? 5

Cómo son las ovejas 7

Dónde viven las ovejas 9

Qué comen las ovejas 11

Diferentes tipos de ovejas 13

Esquilar 15

Balar 17

Corderos 19

Qué nos dan las ovejas 21

Manos a la obra: Cómo hilar estambre 22

Conoce las palabras 23

Más lecturas 24

Índice 24

¿Qué es una oveja?

La oveja es un animal de granja. Las ovejas se crían por su carne y su abrigo de lana. Las ovejas macho se llaman carneros y las ovejas de uno a dos años borregas o borregos (corderas o corderos).

Cómo son las ovejas

Las ovejas tienen hombros anchos, cuerpos pesados y patas cortas. Su lana puede ser larga y peluda o corta y rizada. Las ovejas pueden ser negras, blancas, marrones, grises o moteadas.

Dónde viven las ovejas

Las ovejas viven en granjas o ranchos. Las ovejas tienen abrigos impermeables. Así, pueden estar a la intemperie la mayor parte del tiempo. Algunas veces, cuando hace muy mal tiempo, se quedan en el establo.

Qué comen las ovejas

Las ovejas por lo general comen pasto. Algunas veces se las alimenta con cereales. Las ovejas no tienen dientes delanteros de arriba. Cuando comen, se tragan en seguida el pasto. Después lo regresan a su boca para masticarlo.

Diferentes tipos de ovejas

Hay más de 800 razas de ovejas. Algunas de éstas son las Suffolk, Columbia, Dorset, Hampshire y Rambouillet. Las diferentes razas se crían porque tienen lanas diferentes.

Esquilar

Las ovejas tienen abrigos de lana para el invierno. En primavera, la lana se esquila. La lana se corta en una pieza completa. La lana de una oveja se llama vellón. El vellón puede pesar 1,35 kilos (tres libras) a nueve kilos (20 libras).

Balar

Cuando nace un cordero, una de las primeras cosas que oye es el balido de su madre. La borrega y el cordero se reconocen por el balido de cada uno. Así es por el resto de sus vidas.

Corderos

Las borregas por lo general tienen dos corderos en primavera. Los corderos también se llaman cabritos. Los corderos son saltarines y juguetones. Por lo general se quedan junto a sus madres.

Qué nos dan las ovejas

Las ovejas nos dan la lana para hacer alfombras. También la usamos para ropa como chaquetas, suéters y bufandas. Su piel sirve para el cuero de los guantes. La gente también come su carne. Esta se llama carnero.

Manos a la obra: Cómo hilar estambre

Antes que la lana pueda usarse para hacer ropa, hay que hacerla estambre. Para aprender a hilar estambre, tú puedes usar un ovillo de algodón.

Agarra el ovillo de algodón entre tu pulgar y tu dedo índice. Con la otra mano, pellizca un poquito de algodón y jálalo despacio. Tuerce el algodón mientras lo jalas.

Tu estambre de algodón debe ser fuerte y liso. Si tu estambre está tosco, tienes que jalarlo más. Si tu estambre se rompe con facilidad, tienes que torcerlo más.

Conoce las palabras

balido—el grito de las ovejas

impermeable—capaz de impedir que pase el agua

raza—grupo de animales que tiene los mismos ancestros

Más lecturas

Fowler, Allan. *Woolly Sheep and Hungry Goats*. Chicago: Children's Press, 1993.

Royston, Angela. *Lamb*. New York: Lodestar, 1992.

Stone, Lynn M. *Ovejas*. Animales de Granja. Vero Beach, Fla.: Rourke Enterprises, 1991.

Índice

alfombras, 21
balar, 17
borrega, 5, 17, 19
cabritos, 19
carne, 5, 21
carnero, 5, 21
cereales, 11
Columbia, 13
cordero, 5, 17, 19
Dorset, 13

establo, 9
granja, 5, 9
Hampshire, 13
lana, 5, 7, 13, 15, 21
pasto, 11
Rambouillet, 13
ranchos, 9
ropa, 21
Suffolk, 13
vellón, 15